📖 주제

· 반려동물 · 치유 · 헌신 · 가족

📖 활용 학년 및 교과 연계

초등과정	1-2 국어	7. 무엇이 중요할까요
	2-1 국어	8. 마음을 짐작해요
	3학년 도덕	6. 생명을 존중하는 우리
		우리가 만드는 도덕 수업 1. 서로 돕는 우리, 함께 자라는 꿈
	3-1 과학	1. 과학자는 어떻게 탐구할까요?
		3. 동물의 한살이
	3-2 과학	2. 동물의 생활
	4-2 사회	4. 가족의 형태와 역할 변화

초등 첫 인문철학왕 17
강아지와 장난감은 달라

글쓴이 정진 | **그린이** 최윤선 | **해설** 강재린
기획편집 이정희 | **편집** 김민애 박주원
디자인 문지현 이유리 | **생각 실험 디자인** 이유리

펴낸이 이경민 | **펴낸곳** ㈜동아엠앤비
출판등록 2014년 3월 28일(제25100-2014-000025호)
주소 (03972) 서울특별시 마포구 월드컵북로22길 21, 2층
전화 (편집) 02-392-6901 (마케팅) 02-392-6900 | **팩스** 02-392-6902
홈페이지 www.moongchibooks.com | Ch 뭉치북스 | Instagram 뭉치북스

※ 잘못된 책은 구입한 곳에서 바꿔 드립니다.
※ 이 책에 실린 사진은 셔터스톡, 위키피디아, 게티이미지뱅크(코리아)에서 제공받았습니다. 그 밖의 제공처는 별도 표기했습니다.

도서출판 뭉치는 ㈜동아엠앤비의 어린이 출판 브랜드로, 아이들의 지식을 단단하게 만들어 주고,
아이들의 창의력과 사고력을 키워 주어 우리 자녀들이 융합형 사고뭉치와 창의뭉치로
성장할 수 있도록 좋은 책을 만들겠습니다.

'질문'의 힘! '생각'의 힘!
'미래 인재'로 가는 힘!

어린이와 학부모님들께 《초등 첫 인문철학왕》을 추천할 수 있어서 매우 기쁩니다. 어린이들이 이 시리즈를 통해 '나'에 대해, 나와 공동체 사이의 소통에 대해, 세상의 이치와 진리에 대해 마음껏 질문하고 생각하기를 바라기 때문입니다. 그렇게 되면 창의적으로 문제를 해결하는 힘 또한 커질 수 있다고 믿기 때문이지요.

'제4차 산업혁명의 시대'라는 말처럼 우리는 모든 것이 혁신적으로 변화하는 시대에 살고 있습니다. 스마트폰, 인공 지능, 첨단 로봇 등 새로운 기술과 지식이 나오는 속도도 이전과 비교할 수 없을 정도로 빨라졌지요. 세상에 넘쳐나는 지식과 정보는 이제 누구나 쉽게 구할 수 있고, 개인의 두뇌에 담아낼 수 있는 용량을 넘어선 지 오래입니다. 결국 이 시대의 아이들에게 필요한 것은 지식보다는 그 지식을 다루는 지혜와 창의성 아닐까요?

7차 교육과정 개정 이후 학교 교육도 이러한 시대 흐름에 맞추어 미래 사회가 요구하는 인문학적 상상력과 과학기술 창조력을 두루 갖춘 창의융합형 인재를 양성하는 것을 목표로 합니다.

'철학'은 '지혜를 사랑하는'이란 뜻을 가진 말입니다. 이 학문은 여러분처럼 모든 것에 호기심 많았던 철학자들로부터 시작됩니다. 아주 오래전부터 인간, 사회, 자연, 우주, 진리 등 다양한 분야에서 다른 사람들보다 더 깊이, 더 많이, 그리고 아주 끈질기게 했던 수많은 질문과 탐구를 하며 만들어졌습니다.

마치 높은 곳에 올라가면 마을 전체를 내려다볼 수 있는 넓은 시야를 얻게 되듯이, 철학을 한다는 것은 하나의 문제를 더 큰 눈으로 볼 수 있게 되는 것이랍니다. 그러면 어떤 점이 좋을까요? 더 넓게 보는 눈, 더 깊이 있게 보는 눈, 다른 사람들이 생각하지 못한 부분들을 상상하고 찾아낼 수 있는 눈이 생깁니다. 또 우리 앞의 문제들을 자신만의 창의적인 방법으로 해결할 수도 있고, 그 문제를 해결하다가 다른 더 큰 문제를 발견하여 미리 처리할 수도 있습니다.

　《초등 첫 인문철학왕》은 바로 그러한 생각의 눈을 아주 활짝 열어 줄 것입니다. 주제와 관련된 재미있는 동화, 이와 연결된 깊이 있는 인문 해설과 철학 특강, 창의·탐구 활동 등으로 구성된 시리즈는 아이들이 세상에 넘쳐 나는 지식을 지혜롭게 다루는 힘을 길러서, 문제해결력을 갖춘 창의적 인재로 성장할 수 있게 해 줄 것입니다.

　그러니 이 책을 읽으며 여러 분야에서 떠오르는 호기심과 질문들을 혼자만 가지고 있지 말고 친구, 가족과도 나누어 보시길 바랍니다. 모두가 질문하고 생각하는 힘이 생긴다면, 어려운 문제들을 함께 해결해 나가는 공동체를 만들 수 있겠지요?

　이 책을 읽는 여러분들 모두, 그런 멋진 공동체를 하나둘 만들어 나가는 지혜로운 미래 인재가 되기를 기대합니다.

이지애 드림
(이화여대 철학과 부교수, 한국 철학교육 학회 회장)

초등 첫 인문철학왕
이렇게 활용하세요!

생각 실험

생각 실험은 어떤 사실을 알기 위해 여러 가지 실험과 사례를 연구하는 것이에요. 철학이나 자연 과학 분야 등에서 널리 사용되는 방법이에요. 권마다 주제에 관련된 실험, 유명한 인물의 사례 등을 읽으며 상상력과 문제 해결력을 키워 보세요.

만화 & 동화

40권의 인문 철학 주제별로 아이들의 생활 세계 속 이야기, 패러디 동화 등이 다양하게 펼쳐져요. 처음과 중간은 만화, 본문은 그림 동화로 되어 있어서, 재미난 이야기에 푹 빠질 수 있어요.

인문철학왕되기

오랫동안 어린이들과 함께 철학 수업을 연구하고 진행해 온 한국 철학교육연구원 소속 교수와 연구진들이 집필했어요.

소쌤의 철학 특강, 인문 특강, 창의 특강으로 구성되었어요. 주제와 이야기 안에 숨겨진 철학적 문제들에 대해 함께 답을 찾아갈 수 있도록 깊이 있는 토론과 특강, 그리고 재미있는 활동으로 구성되었어요.

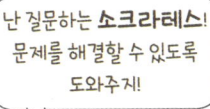

난 질문하는 **소크라테스**! 문제를 해결할 수 있도록 도와주지!

난 **뭉치**, 같이 생각하고 토론하지!

난 늘 창의적인 **새롬**이!

난 생각이 깊은 **지혜**!

교과 연계

각 권마다 최신 개정 교과서 단원과 연계되어 교과 학습에 도움이 되도록 구성되었어요. 권별로 확인하세요.

이 책의 차례

추천사 ··· 4
구성과 활용 ·· 6

생각 실험 동물의 삶을 위해서는
어떤 것이 더 옳을까? ·· 10

만화 미술관에 동물 그림이? ·· 20

모두의 고양이였던 '공주' ··· 22
- 인문철학왕되기1 동물과 인간이 함께하기 위해서
- 소쌤의 창의 특강 동물과 인간의 공생 관계

유라네 가족을 변화시킨 고양이 '보리' ················· 46
- 인문철학왕되기2 동물과 가족이 될 수 있을까?
- 소쌤의 철학 특강 애완동물? 반려동물!

| 만화 | 동물 친구는 어디서 만날까? 66

반려 물고기 '해별이' 72
- 인문철학왕되기3 　동물도 고통을 느낄 수 있을까?
- 소쌤의 인문 특강 　세계 동물 권리 선언

사람을 키워 주는 강아지 '토토' 92
- 인문철학왕되기4 　만일 나라면?
- 관찰활동 　동물 관찰 일기 작성

동물의 삶을 위해서는 어떤 것이 더 옳을까?

노벨 문학상 수상자이자 『노인과 바다』의 작가로 유명한 **어니스트 헤밍웨이**는 고양이를 무척이나 사랑한 사람입니다.
그는 '**한 마리의 고양이는 또 한 마리를 데려오고 싶게 한다.**'며 고양이의 사랑스러움을 예찬했는데요. 실제로 헤밍웨이는 한 마리의 고양이를 기르다가 수십 마리의 고양이들과 생활하게 됩니다.

헤밍웨이의 첫 고양이 '**스노우볼**'은
매우 특별한 고양이였습니다.
그의 친구 덱스터가 선물한 '스노우볼'은
발가락이 6개인 다지증을 가진 고양이였습니다.
다지증을 가진 고양이는 흔들리는 배에서도
균형을 잘 잡고, 쥐도 잘 잡았기 때문에
뱃사람들에게 행운의 상징으로 여겨졌습니다.

헤밍웨이가 세상을 떠난 후 그가 살던 집은
어니스트 헤밍웨이 박물관이 되었는데, 이 박물관에는
현재 **스노우볼의 후손과 길고양이 50여 마리**가
살아가고 있습니다. 헤밍웨이 박물관은 **'고양이 박물관'**이라는
별칭을 가질 정도로 박물관 이곳저곳에 고양이가
마음대로 돌아다니고 있는 것이 인상적인 곳입니다.
그런데 2003년 어느 날, 고양이들이 제대로 보살핌을 받지
못하고 있다며, 한 관광객이 **미국 정부에 박물관을 신고**합니다.

플로리다주 키웨스트의 어니스트 헤밍웨이
박물관에 있는 고양이 중 하나.
이 고양이는 각 발에 7개의 발톱이 있다.

미국 농무부(USDA)는 조사에 착수했고, 헤밍웨이 박물관 측에 시정을 요구합니다.
고양이를 박물관 전시와 홍보에 이용하고 있으니 동물원이나 서커스단의 동물들과 똑같이 관리해야 한다는 거예요.
각 고양이마다 인식표를 붙이고 다른 지역으로 이동하지 못하도록 밤에는 케이지(운반 용기)에 넣고,
건물 꼭대기에는 보호 펜스를 설치하라고 했어요.

동물의 안전을 위해 정부의 철저한 관리가 필요해요.

헤밍웨이 박물관 측은 정부의 명령에 문제를 제기하며, **이미 고양이들은 좋은 음식과 적절한 의료 서비스를 제공받고 있으며, 지금 그대로도 고양이들이 행복해하고 있음을 주장했어요.** 박물관 관계자는 고양이가 자연스럽게 지내는 것을 규제하는 건 옳지 못하다고 말했습니다.

자연스럽게 살고 있는 고양이의 생활에 인간이 간섭하는 것은 옳지 않은 것 같아요.

연방 정부와 헤밍웨이 박물관의 다툼은 9년 동안 계속되다 **고양이들이 정부의 감독 하에 생활해야 한다는 결정**으로 마무리됩니다.

여러분은 어떤 입장이 더 옳다고 생각하나요?

모두의 고양이였던 '공주'

희망 초등학교는 유라가 다니는 학교예요. 학교 옆에는 작은 공원이 붙어 있는데 파란색 지붕의 정자가 놓여 있어요. 정자는 꽤 넓은 평상 마루로 되어 있는데 동네 어르신들이 자주 찾아와 쉬는 곳이었어요.

방과 후 교실 수업을 마치고 교문을 나설 때였어요. 별안간 소나기가 퍼붓기 시작했어요. 마치 샤워기에서 쏟아지는 물줄기 같았어요.

"엄마야!"

유라는 기겁을 했어요. 우산이 없는 유라는 학교 옆 공원에 있는 팔각정이 떠올랐어요. 지금 당장 비를 피할 수 있는 장소로 말이에요.

유라는 공원에 있는 정자로 허겁지겁 달려갔어요.

"깜짝이야!"

벌써 누군가 와 있었어요. 고등어 빛깔의 얼룩무늬를 가진 고양이였어요. 사람처럼 오도카니 앉아 있었어요. 눈빛이 깊고 침착한, 아주 조용한 고양이였어요. 유라를 보아도 당황하지 않고 마치 공원의 주인인 것처럼 당당했어요.

"안녕!"

참 신기한 고양이였어요. 고양이는 유라 곁으로 다가와서 그윽한 눈빛으로 쳐다보았어요.

"너도 비가 와서 여기로 온 거구나!"

유라 말을 들은 고양이는 눈을 한 번 스르륵 감았다가 떴어요.

"같이 있어도 돼?"

잠자코 있는 모습이 마치 괜찮다고 하는 것처럼 느껴졌어요.

유라는 비가 그칠 때까지 그 고양이와 함께 있었어요.

그동안 유라는 강아지나 고양이를 키우는 친구들이 늘 부러웠어요. 유라네 아빠와 엄마는 직장에 다니기 때문에 무척 바빴어요. 게다가 유라네 아빠는 고양이를 유난히 싫어했어요.

유라는 큰 소리로 멍멍 짖고 으르렁거리는 강아지보다는 조용히 다니는 우아한 고양이가 더 좋았어요.

'아, 나도 고양이를 키울 수 있으면 얼마나 좋을까!'

늘 마음에 품고 있던 소원이었거든요.

알고 보니 그 고양이는 그날만 비를 피해 온 것이 아니었어요. 공원에 매일 찾아오는 고양이였어요. 유라는 공원에 갈 때마다 마치 고양이네 집에 놀러 가는 느낌이었어요.

'드디어 나한테도 고양이가 생겼어!'

신문을 들고 와서 보다 가는 할아버지와 근처 고시원에 사는 대학생 언니와 점심시간마다 찾아오는 회사원들까지 다 고양이를 알고 있었어요. 그래서 고양이는 이름이 여러 개였어요. 사람들이 자기 좋을 대로 이름을 갖다 붙였거든요.

할아버지는 고양이를 "괭이"라고 불렀어요. 또 고시원에 산다는 대학생 언니는 "야옹이"라고 불렀고요.

회사원인 아줌마는 "냥이"라고 불렀어요. 어떤 아저씨는 "나비"라고 불렀어요.

유라는 단짝 친구인 시연이에게 고양이를 꼭 보여 주고 싶었어요. 그래서 학교 수업이 끝나자마자 시연이를 공원에 데리고 갔어요. 고양이를 보고 싶은 마음에 유라의 걸음이 자꾸 빨라졌어요.

늘 그렇듯이 그날도 고양이는 나무 의자 밑에 편안하게 엎드려 있었어요. 유라가 다가가도 도망가지 않았어요. 시연이도 조심스럽게 유라를 따라 고양이 곁으로 다가갔지요.

"봐, 여기 공원에 살고 있는 고양이야."

시연이는 고양이가 순해서 신기하다고 했어요.

"이름이 뭐야?"

"어, 그게 말이야. 사람들이 자기 부르고 싶은 대로 이름을 불러서 이름이 여러 개야."

그 말을 들은 시연이가 눈을 동그랗게 떴어요.

"그럼 우리도 고양이 이름을 하나 지어 주자!"

"좋은 생각이야."

유라는 손뼉을 치며 감탄을 했어요.

"시시하고 평범한 이름은 짓지 말자. 아무도 생각하지 못하는 이름을 지어 주자고."

시연이의 말이 꽤 그럴듯했어요.

유라는 곰곰이 생각해 보았어요.

"음, 어떤 이름이 좋을까."

"이 공원은 꼭 고양이 집 같아. 그래서 공원의 주인이라고 부르면 어떨까?"

"마음에 들어. '공원의 주인'을 줄여서 '공주'라고 부르자!"

"좋다, 공주!"

유라와 시연이는 까르르 웃었어요.

'공주'라는 새 이름을 가진 고양이가 공원에서 정말 주인처럼 오래오래 살기를 바랐어요.

이제 3학년이 된 유라는 드디어 용돈을 받기 시작했어요. 용돈을 받자마자 가장 먼저 한 일은 고양이에게 간식을 사 준 거예요. 편의점에 파는 고양이 전용 참치 통조림을 사서 집에 있던 작은 반찬통에 담아 갖다 주었어요.

"공주!"

유라가 장난스럽게 부르면 정말 고양이가 스르르 나타났어요. 풀숲에 숨어 있다가, 혹은 뒷산에서 소리 없이 내려왔어요. 고양이는 유라가 주는 간식을 소리 없이 깔끔하게 먹었어요.

공원에 매일 가다 보니 유라는 사람들을 조금씩 알게 되었어요. 근데 알고 보니 간식이나 사료를 주는 사람이 한둘이 아니었어요. 이름을 붙여서 불러 주는 사람들은 다 고양이에게 먹을 것을 갖다 주었으니까요.

그러다 보니 '공주'는 점점 배가 불룩해졌어요.

"할아버지, 고양이가 아기를 가졌나 봐요!"

고양이를 '괭이'라고 부르던 할아버지가 신문을 보다 말고 대답했어요.

"아니란다. 남자인데 살이 쪄서 그래."

그 말을 들은 유라는 깜짝 놀랐어요.

"시연아, 공주가 임신한 게 아니었어. 그냥 살이 찐 거야!"

"뭐, 진짜?"

그 말을 들은 시연이도 눈이 왕사탕만 해졌어요.

"고양이가 배가 불룩하고 살이 찌면 병에 걸린대. 텔레비전에서 수의사가 그랬어."

"안 되겠어! 운동을 해야겠어."

유라는 시연이랑 같이 '공주 뱃살 빼기' 작전을 시작했어요. 간식으로 유인해서 등산을 하는 거였어요. 뒷산은 어린아이도 다닐 수 있는 낮은 동산이었거든요.

"공주, 같이 가자!"

참치 통조림 뚜껑을 열어 냄새를 살살 피우면서 앞장을 서면 공주는 순순히 따라왔어요. 옆에서 시연이도 같이 올라갔지요.

산길을 한 바퀴 돌고 와서 간식을 주면 공주는 맛있게 잘 먹었

어요.

그 모습을 본 할아버지가 유라와 시연이를 칭찬했어요.

"어이구! 기특해라. 이제부터는 내가 해 주마!"

할아버지는 유라 대신 공주를 데리고 산책을 다녔어요. 그랬더니 불룩했던 공주의 뱃살이 점점 빠지더니 홀쭉해졌어요.

"감사해요. 할아버지는 최고예요!"

유라는 할아버지한테 정말 고마웠어요. 공주가 병에 걸릴까 봐 걱정했는데 금방 살이 빠져서 안심이 되었어요.

어느새 겨울이 다가오고 있었어요. 바람에 살얼음이 낀 것처럼 싸늘했어요.

한번은 비가 주룩주룩 오는 날, 공주가 비를 맞고 앉아 있었어요. 우산도 없는 공주가 안타까워 유라는 우산을 씌워 주었어요.

"공주, 비 맞지 말고 우산 안에 들어와!"

공주는 처음엔 가만히 있더니 우산이 좁은지 금방 나가 버렸어요.

"추워서 어떡하지!"

유라는 공원에 살다시피 하는 공주에게 집을 만들어 주고 싶었어요. 집에 있던 큼직한 종이 상자로 시연이랑 같이 집을 만들어 주었어요. 또 집에 있던 큰 수건을 가져와서 바닥에 깔아 주었어요.

공주가 자주 와서 있는 나무 의자 옆에다 종이 집을 놓았어요. 그러고는 시연이랑 같이 계속 기다렸어요.

"공주가 좋아할까?"

"과연 여기에 들어올까?"

둘이서 발을 동동 구르는데 공주가 소리 없이 나타났어요. 기특하게도 공주는 호기심 어린 눈으로 보더니 종이 집에 들어갔어요. 그 안에 놓여 있는 연어 통조림도 먹고, 또 눈을 감고 엎드려 잠이 들기도 했어요.

"와! 성공이다."

"공주가 좋아한다!"

유라는 시연이랑 기뻐했어요.

하지만 그 기쁨은 오래가지 않았어요. 갑자기 비가 왔기 때문이에요.

비를 맞은 종이 집은 금세 망가졌어요. 흐물흐물 무너진 종이 집을 보더니, 공원을 보살피는 구청 직원 아저씨가 와서 다시는 이런 짓을 하지 말라고 했어요.

"그렇잖아도 공원이 고양이 때문에 지저분해진다고 민원이 들어왔어. 이런 건 다 쓰레기가 돼!"

유라는 당황해서 얼굴이 빨개졌어요.

"아저씨, 종이 집은 얼른 치울게요. 근데요, 고양이가 어지르는 게 아니에요. 사람들이 버린 쓰레기 때문에 그런 거예요!"

'겨울에 너무 추울 텐데! 공주가 괜찮을까?'

유라는 겨울 내내 공주가 무척 걱정이 되었어요. 그래서 매일 공원에 찾아갔어요. 가면 신통하게도 공주가 기다리고 있을 때가 많았어요.

"공주, 잘 있었어?"

유라는 공주의 머리를 쓰다
듬어 주면서 깨끗한 물이랑 참
치 통조림을 주었어요. 기다렸다
가 고양이가 다 먹고 나면 빈 그릇은 집으
로 가져왔어요. 쓰레기가 생긴다고 화를 냈던 구청 아저씨의 말을
기억했거든요.

드디어 봄을 알리는 개나리꽃이 피기 시작했어요. 몽글몽글한
진달래도 피기 시작했어요.
"아, 공주가 더 이상 춥지 않겠다!"
꽃들을 보며 유라는 마음이 놓였어요.
공원에 갈 때마다 공주가 있으면 참 든든하고 온 세상이 안전하
게 느껴졌어요.
"공주, 잘 있었어?"
공주가 다가와서 쓰다듬어 달라고 머리를 기대면 마음이 따스해졌어요. 엄마한테 꾸중을 들은 날도, 오빠랑 싸운 날도 쓸쓸하던 마음이 사라졌어요.
그런 날들이 오래오래 계속될 줄만 알았어요.

그런데 며칠 후 공원에 가서 만난 공주는 유라와 시연이를 아주 낯설어 했어요. 유라를 보아도 반가워하지 않았어요.

"공주, 왜 그래?"

유라가 당황해서 곁으로 다가갔어요.

"앗!"

공주의 등엔 빨간 피가 맺혀 있었어요. 못 보던 상처였어요.

"공주, 누구랑 싸웠어?"

공주의 눈빛은 힘이 없고 멍해 보였어요.

"아파서 그렇구나."

유라는 공주의 등에 난 상처에 바를 약이 당장 필요하다고 생각했어요.

"기다려! 내가 집에 갔다 올게."

유라는 집에 달려가서 상처에 바르는 연고와 반창고를 들고 왔어요. 하지만 이미 공주는 어딘가로 사라지고 없었어요.

유라는 매일 공주를 보려고 공원에 갔어요. 공주랑 같이 산책했던 산길에도 올라가 보았어요. 하지만 어디에도 공주는 보이지 않았어요.

"혹시 고양이 못 보셨어요?"

유라는 사람들을 볼 때마다 물어보았어요. 다들 못 보았다고 했어요.

'아파서 어딘가 숨어 있을 거야. 내가 기다리고 있는 걸 알면 다시 찾아올지도 몰라!'

유라는 공주가 자주 있던 장소에 가서 한참을 기다렸어요. 그러다 지쳐서 집으로 돌아갔어요.

'참 이상하다! 어디로 멀리 떠났나?'

2주가 지나갔어요. 그날도 유라는 또 공원을 찾아갔어요.

공원 나무 의자에 앉아 있는 할아버지를 만났어요. 공주를 귀여워하고 산책도 자주 시켰던 할아버지라 반가웠어요.

"할아버지, 안녕하세요! 고양이 못 보셨어요?"

"허어, 그게 말이다. 어떻게 말을 해 줘야 되나……."

할아버지는 왼쪽 귓불을 만지며 망설였어요.

"할아버지, 혹시 고양이한테 무슨 일이 생겼어요?"

할아버지가 들려주는 이야기는 너무나 끔찍한 소식이었어요.

일주일 전 공주가 산에서 내려온 떠돌이 들개한테 물려서 바로 이 자리에서 죽었다는 거예요. 공주가 죽은 모습을 발견한 대학생 언니가 구청에 신고해서 공주를 데려갔다고 했어요.

"바로 여기에서요?"

유라는 눈시울이 뜨거워졌어요.

"여기에서 자다가 새벽에 당했나 봐!"

할아버지는 유라가 계속 기다릴까 봐 알려 준다고 했어요.

"버려진 반려견들이 들개로 변해 몰려다니면서 고양이를 해치는 일이 많단다."

유라는 마지막에 보았던 공주의 모습이 떠올랐어요.

'등에 상처가 있었어. 들개한테 물렸던 거야!'

유라는 그때 공주의 상처에 약을 발라 주지 못한 일이 너무 후회가 되었어요.

'불쌍한 공주, 얼마나 아팠을까! 얼마나 무서웠을까!'

유라는 집으로 돌아와 침대에 누워서 계속 눈물만 흘렸어요. 가슴이 너무 뜨겁고 목이 메었어요. **소중한 누군가가 곁을 영원히 떠난 느낌이었어요.**

유라가 밥도 먹지 않고 슬퍼하는 바람에 온 가족이 다 알게 되었어요. 엄마는 다른 말은 하지 않았어요. 그냥 유라에게 그림책을 한 권 사다 주었어요.

"유라가 좋아하는 고양이가 나오는 그림책인데 한번 보렴."

제목은 『고양이 천국』이었어요.

고양이 천국으로 들어가는 노란색 문 앞에는 천사가 기다리고 있어요. 하지만 고양이는 내려오고 싶으면 날아서 내려올 수 있다고 적혀 있었어요. 또 고양이 천국에서 아주 행복하게 지내는 고양이는 가끔 지구에 내려와서 보고 싶은 친구나 가족을 지켜본다고도 했어요.

'엄마는 내 마음을 다 아나 봐.'

유라는 일기장에 공주에 대한 이야기를 썼어요. 일기장을 본 담임 선생님이 '지구 별 가족' 미술관을 알고 있냐고 물어보았어요.

"유라야, 동물을 사랑하고 그리워하는 사람들이 가면 좋아할 만한 미술관이 있는데 한번 가 볼래?"

유라는 아빠 엄마와 함께 '지구 별 가족' 미술관에 찾아갔어요.

미술관 주인인 화가는 유라가 하는 이야기를 진지하게 들어 주었어요.

"길고양이를 생각하는 마음이 참 따스하고 귀하구나!"

화가는 공주의 모습을 그림으로 그려 주었어요. 공원에 있는 나무 의자 밑에서 유라를 기다리던 그 눈빛이 정말 살아 있는 것 같았어요. 유라는 그림을 보면서 눈물이 핑 돌았어요.

동물과 인간이 함께하기 위해서

동물원에 있는 동물은 인간과 함께 사는 걸까요, 보호받고 있는 걸까요?

동물들이 동물원에 사는 걸 좋아할지 생각해 봤니?

기린은 소음에 민감한 동물인데 관람객들이 와서 내는 소리 때문에 큰 스트레스를 받는대요. 그래서 동물을 위해서 동물원을 없애자고 주장하는 사람들도 있어요.

좋아할 것 같아요! 사람들이 맛있는 먹이도 주고, 다른 천적들로부터 보호해 주니까요.

예전에 동물원에 갔는데, 곰이 제자리에서 뺑글뺑글 돌고 있는 거예요. 그래서 왜 그런지 엄마한테 물어봤는데, 곰이 스트레스를 받아서 이상 행동을 하는 거라고 하셨어요. 그걸 보니 동물원이 동물들에게 좋은 환경은 아닐 것 같다는 생각이 들었어요.

그러면 동물을 어디 가서 보라는 거야! 동물원 사육사 분들은 동물을 도와주는 분들이라고!

우리가 동물과 함께 살기 위한 최선의 방법이 무엇인지 생각해 봐야 할 때인 것 같구나.

소쌤의 창의특강

동물과 인간의 공생 관계

개, 돼지, 소, 말, 낙타, 당나귀, 양, 염소와 같은 동물이 인간과 함께 한 시기를 추적해 보면 약 1만 2,000년 전까지 거슬러 올라간단다. 야생 동물을 집에서 기르기 시작하면서 젖이나 고기와 같은 먹거리를 안정적으로 공급받고, 동물의 노동력을 이용하게 된 것이지. 대신 인간은 집에서 기르는 동물을 천적에게서 보호해 주고, 안정적인 먹이 공급과 번식을 도와주면서 인간과 동물의 상호 공생의 관계가 시작된 거란다.

아리스토텔레스

동물과 인간이 함께한 역사는 길지만 동물을 연구하기 시작한 것은 기원전 4세기부터야. 그리스 철학자 아리스토텔레스는 동물을 특성에 따라 분류한 최초의 학자였어. 어류와 곤충을 포함한 약 500여 종의 동물을 4가지로 분류하고, 동물의 생물학적 특징 및 행동의 특징 등을 연구했지.

현대에 와서는 동물에 대한 연구가 더 세분화되어 우리는 동물에 대한 지식을 많이 얻고, 동물을 이용해 많은 이득을 얻고 있단다.

> 그런데 인간이 동물에 대한 지식을 많이 얻으면 얻을수록 동물의 삶도 더 나아지고 있을까? 인간의 삶이 아닌 동물의 삶이 더 나아지려면 우리들의 어떤 노력이 필요할까?

특히 길고양이 문제는 단순히 길고양이를 잡아 없애는 방법으로는 해결할 수 없단다. 정기적으로 사료와 물을 제공해 길고양이의 건강과 거리 위생을 관리하고, 중성화 수술을 통해 적정한 개체 수를 유지하면서 공존을 위해 노력해야 해.
길고양이를 좋아하는 사람과 그렇지 않은 사람들이 조금씩 양보한다면 다양한 생명이 함께 살아가는 세상을 만들 수 있단다.

유라네 가족을 변화시킨
고양이 '보리'

유라에게는 중학생이 된 오빠가 있어요. 이름은 유현이에요. 유현이랑 유라는 티격태격 잘 다투었어요. 서로 참 달랐거든요. 유현이는 거북이처럼 매사에 느리고 물건도 자주 잃어버리는 덜렁이였어요. 반면 유라는 토끼처럼 행동이 빠르고 자기 물건을 잘 챙기는 꼼꼼이였고요.

유현이는 유라를 '얄미운 스파이'라고 불렀어요. 왜냐하면 유현이가 게임을 하거나 웹툰을 보고 있으면 쪼르르 달

려가서 아빠랑 엄마한테 고자질하기 때문이에요. 유현이가 공부하는 척하면서 사실은 공부하지 않는다고요. 그러니 유라랑 유현이가 같이 있으면 늘 말다툼하느라 집안이 시끄러웠어요.

"오늘은 유현이 친구네 엄마가 하는 식당에서 저녁을 먹을 거야. 친구네 음식점에서도 싸우면 엄마는 너무 창피하겠지?"

엄마가 미리 신신당부를 했어요. 유라와 유현이는 말다툼을 하지 않겠다고 약속한 뒤에 저녁을 먹으러 갔어요.

유현이 친구네 엄마가 하는 식당은 조용한 골목에 있었어요. 차들이 많이 다니지 않는 곳이라서 한적했어요. 유라는 식당 앞에서 기웃거리는 새끼 고양이를 발견했어요.

"안녕!"

유라는 아직도 '공주'를 잊지 못하고 있었어요. '공주'와 비슷하게 생긴 고양이를 보고 저도 모르게 쫓아간 적도 있었어요. 공주만 생각하면 마음이 따끔따끔하고 눈물이 핑 돌았어요.

"아직 아기인데! 엄마는 어디 가고 너 혼자 다니니?"

유라는 걱정이 되어 새끼 고양이에게 다가갔어요. 삼색 줄무늬 고양이는 유라와 유현이를 보아도 도망가지 않았어요. 오히려 곁으로 다가왔어요.

'공주도 이랬어. 내가 곁에 가도 가만히 있었는데.'

유라는 공주를 떠올리며 새끼 고양이의 머리를 살살 쓰다듬어 주었어요.

그때, 음식점 문이 열리면서 오빠네 친구 엄마가 나왔어요.

"며칠 전부터 보이는 고양이인데 아무래도 누가 기르다 버린 고양이 같아. 사람을 무서워하지 않는 걸 보면 알 수 있거든."

아주머니는 식당을 하면서 길고양이들을 보살펴 주는 캣맘이기도 했어요. 그래서 식당 앞에 고양이들이 밥을 얻어먹으러 잘 나타났어요.

"아이, 귀여워!"

새끼 고양이는 유라가 머리를 쓰다듬어도 가만히 있었어요.

"신기하다. 유라 네가 만져도 가만히 있네."

유현이도 관심을 보였어요. 아빠랑 엄마까지 나와서 삼색 줄무늬 아기 고양이를 구경했어요. 엄마는 귀엽다고 했지만 아빠는 질색했어요.

"고양이는 원래부터 정이 안 가!"

아빠는 싫어했지만 유라와 유현이는 새끼 고양이 곁을 떠나지 않았어요. 그 모습을 보던 아줌마가 유라 엄마한테 걱정거리를 털어놓았어요.

"사람 손을 탄 고양이는 다른 길고양이들이 공격해서 위험해요. 근데 저는 지금 집에서 키우는 고양이들이 많아서 더

이상 키울 형편이 안 돼요. 게다가 이 동네에 고양이만 보면 돌을 던지는 청년이 살고 있어요. 특히 어리고 작은 고양이들을 보면 돌을 던져서 걱정이에요."

"그럼 신고하세요!"

유라 엄마가 말하자 아줌마는 고개를 가로저었어요.

"돌을 던지는 것만 보았지, 아주 심하게 해코지를 하는 건 못 보았어요. 게다가 청년은 어디가 아픈지 어머니랑 같이 다닐 때가 많아요. 청년이 고양이한테 돌을 던지려고 할 때, 옆에서 어머니가 막는 모습도 여러 번 보았거든요. 신고하기가 좀 애매해요."

아줌마는 더 이상 이야기하지 못했어요. 식당에 손님이 찾아왔거든요.

근데 아줌마의 말은 사실이었어요. 잠시 후에 눈빛이 이상한 청년이 저만치에서 걸어왔어요. 새끼 고양이를 힐끗힐끗 보면서 어슬렁거리고 다니는데 느낌이 좀 이상했어요. 유라네 가족이 사라지길 기다리는 듯 일부러 휴대 전화를 꺼내 주변 배경 사진을 찍으며 시간을 질질 끄는 것만 같았어요.

'안 돼!'

유라는 새끼 고양이를 그냥 놓아두고 가면 아주 위험하겠다 싶

었어요.

'그때 공주도 지켜 주지 못해서 너무 속상했는데 또 그럴 수는 없어!'

유라는 아빠랑 엄마한테 매달렸어요.

"우리가 키우면 안 돼요?"

아빠가 인상을 찌푸리며 단번에 거절했어요.

"무슨 길고양이를 집에서 키워? 말 같지도 않은 소리 하지 마!"

유라는 눈앞이 캄캄해져서 눈물이 펑펑 쏟아졌어요.

"그냥 가면 새끼 고양이가 위험할 것 같아요! 예쁘고 착한 아기 고양이가 죽으면 어떡해요?"

그 모습을 지켜보던 유현이가 뜻밖의 말을 꺼냈어요.

"아빠, 그럼 잠깐 집에 데려갔다가 동물 보호소에 보내 주는 건 어때요?"

그 말을 들은 유라는 눈물이 쏙 들어갔어요.

"아, 좋은 방법이구나. 유현이가 참 지혜롭다!"

엄마가 찬성하면서 아빠의 팔을 쿡 찔렀어요. 아빠는 체념하듯이 말했어요.

"그거야, 뭐. 어쩔 수 없지."

아줌마는 유라네 집에서 새끼 고양이를 임시 보호하다가 보호소로 데려다준다는 말을 듣고 무척 기뻐했어요. 유라와 유현이에게 아주 고맙다고 했어요.

유라는 당장 새끼 고양이를 품에 안고 병원에 데려갔어요. 새끼 고양이는 기특하게도 겁을 내거나 도망가지 않고 가만히 있었어요. 유현이와 엄마도 같이 가 주었어요.

"병원에 정말 잘 데려오셨네요! 이 새끼 고양이는 3개월 정도 된 암컷 고양이예요. 지금 고양이 감기라고 불리는 허피스에 걸렸는데 새끼 고양이에게는 아주 위험한 병이에요."

수의사 선생님이 친절하게 알려 주었어요. 새끼 고양이가 콧물을 흘리고 재채기하는 증세가 다 허피스 때문이라고 했어요. 또 코와 귀에 든 곰팡이까지 치료해 주어야 한다고 했어요.

"아빠, 치료가 다 끝나면 동물 보호소로 보낼게요."

유라와 유현이는 아빠를 설득했어요.

"아빠는 원래부터 고양이를 싫어했으니까, 절대 마루에 내보내지 마라. 유라 방에서만 있게 해!"

아빠가 허락해 준 것만도 정말 다행이었어요. 유라 방에 있는 작

은 베란다에 새끼 고양이의 집을 마련해 주었어요.
"오빠, 고양이 이름을 지어 주고 싶어! 보리 색깔이 있으니까 '보리'라고 지어 주면 어때?"
"고양이랑 강아지한테 먹는 음식 이름을 붙여 주면 오래 산다는 말이 있는데 어떻게 알았어?"
"정말? 그럼 우리 고양이를 '보리'라고 부르자."
삼색 줄무늬 새끼 고양이는 '보리'란 이름을 갖게 되었어요.
유라는 보리를 정성스럽게 돌보

앉어요. 근데 보리를 돌보면서 유라와 유현이는 사이가 점점 좋아졌어요.

"와, 대박! 우리 오빠 맞아? 손재주가 정말 끝내준다."

유현이가 집에 모아 놓은 튼튼한 택배 상자들을 재활용했어요. 보리의 집이랑 캣 타워를 만들어 준 거예요. 아주 그럴듯했어요.

"보리가 좋아한다! 캣 타워에 올라갔어."

유라와 유현이는 손뼉을 치며 즐거워했어요. 엄마도 유현이의 멋진 실력에 감탄했어요.

"유현이, 이러다 재활용 발명가가 되겠네!"

아빠만 아직도 싫어했어요. 어쩌다 보리가 마루에 나오면 큰 소리를 질렀어요. 소파에 올라가서 내려오지도 못했어요.

"보리 데려가란 말이야! 내가 마루에 나오지 못하게 하라고 했어, 안 했어?"

아빠는 어린 보리를 사나운 호랑이처럼 여겼어요.

알고 보니, 아빠는 어린 시절 쌀가게에서 키우던 고양이한테 크게 놀란 적이 있었대요. 아빠가 고양이한테 장난을 쳤더니 화가 난 고양이가 날카로운 발톱으로 아빠의 손을 할퀸 적이 있었어요. 그때 피가 펑펑 나고 아파서 놀랐던 기억이 오늘날까지 고양이를 무서워하고 싫어하게 만든 거예요.

"아빠만 마음이 바뀌면 되는데 말이야!"

늘 으르렁거리며 싸우던 유라와 유현이는 이제 달라졌어요. 아빠의 마음이 변해서 보리와 같이 오래오래 같이 살고 싶다는 같은 소망이 생겼거든요.

"보리야, 아빠 마음이 변하게 어떻게 좀 잘해 봐."

"아빠만 너를 무서워하지 않게 되면 우린 같이 살 수 있어!"
유라와 유현이는 보리에게 부탁하듯이 말했어요.
그런데 보리가 정말 유라와 유현이의 부탁을 들어준 것일까요. 참 신기한 일이 일어났어요.
아빠가 회사에서 퇴근하고 집으로 돌아왔을 때였어요. 다른 가족은 몰랐는데 보리 혼자서 현관에 나와 아빠를 맞이해 준 거예요. 마치 잘 다녀오셨냐고 인사하듯이 말이에요.
그날따라 회사 일 때문에 머리 아프고 힘들었던 아빠는 보리가

초롱초롱한 눈빛으로 인사하러 나온 모습에 감동을 받았어요. 보리만 보면 눈살을 찌푸리고 싫어했던 아빠는 겸연쩍었던 거예요.

"보리야, 너 나를 보러 나온 거야?"

아빠는 처음으로 좀 미안한 생각이 들었다고 해요. 근데 그날만 그렇게 보리가 마중을 나온 게 아니었어요. 사람보다 귀가 훨씬 밝은 고양이라서 그랬던 것일까요. 보리는 항상 아빠가 집에 올 때가 되면, 현관에 나와 아빠를 맞이했어요.

"아이고, 보리가 또 아빠를 기다렸구나!"

드디어 아빠 입에서 보리를 향해 '아빠'라는 말이 저절로 나오게 되었어요. 아빠는 그렇게 마음이 열렸어요. 한 번 열린 철문은 다시는 닫히지 않았어요. 아빠는 점점 보리한테 마음을 쓰게 되었거든요.

유라네 집 부엌에는 유리문이 있어서 가족들이 밥을 먹을 땐 닫아 놓고 먹었어요. 그럼 보리는 유리문 앞에 앉아 처량한 눈빛으로 늘 기다렸어요.

"사람이 먹는 걸 고양이가 먹으면 몸에 해로워!"

유라와 유현이는 단호했어요.

근데 아빠가 먼저 유리문을 열어 주었어요.

"보리도 들어오게 해 줘. 혼자 있기 불쌍하잖아!"

그러자 보리는 빈 식탁 의자에 앉아서 가족들이 밥을 다 먹을 때까지 가만히 기다렸어요. 어떨 때는 잠을 잤어요.

아빠는 보리한테 점점 관심이 많아졌어요. 유라와 유현이는 엄두도 내지 않았던 일까지 했어요. 강아지한테나 하는 훈련을 시작한 거예요. 보리한테 앞발로 '하이 파이브' 하는 일과 공을 물어 오는 일을 가르쳐 주었어요. 틈틈이 간식을 주면서 말이에요.

유라와 유현이는 '설마' 했어요. 고양이가 강아지처럼 간식을 준다고 훈련이 될까 싶었던 거예요. 하지만 진짜 신기한 일이 일어났어요. 보리는 영리하게도 강아지처럼 아빠의 훈련을 잘 받아들였어요. 아빠가 시키는 동작들을 척척 하면서 재롱을 부렸어요.

"누가 보리를 고양이라고 하겠어, 강아지보다 더 잘하는데!"

아빠는 자랑스러워하며 보리의 모습을 영상으로 찍었어요.

어느덧 아빠는 보리한테 푹 빠지고 말았어요. 보리만 보면 눈빛이 달라져서 벙글벙글 웃었어요.

"요새 우리 집 분위기, 뭔가 달라졌어."

유현이가 유라에게 말했어요.

"맞아! 오빠랑 내가 사이좋은 남매가 되었잖아. 엄마랑 아빠의

소원이었는데……."

"고양이를 무서워하던 아빠가 제일 많이 변했어!"

실제로 아빠는 회사 근처에 있는 길고양이를 보아도 겁내지 않고 보리가 먹는 사료를 갖다 주었다고 했어요.

"이제 보리는 소중한 우리 가족이야!"

예전보다 화목하고 사이가 좋아진 유라네 가족은 보리가 참 고맙기만 했어요.

유라는 이제 공주를 떠나보낸 슬픔이 많이 사라졌어요. 공주가 있던 마음 빈 곳을 보리가 들어와 따스하게 채워 주었거든요.

유라는 보리를 데리고 지구 별 미술관에 갔어요. 화가한테 가족사진 그림을 그려 달라고 부탁하기 위해서예요. 보리와 함께 찍은 가족사진을 들여다보면서 화가는 무척 기뻐했어요.

"내가 꼭 그려 보고 싶었던 가족의 모습이구나!"

유라네 가족을 그림으로 그리면서 화가의 입가엔 흐뭇한 미소가 떠나지 않았어요.

인문철학 왕 되기

동물과 가족이 될 수 있을까?

가족은 같이 살고 밥도 같이 먹는 사람을 말하는 거잖아요. 그런 거라면 동물은 가족일까요, 아닐까요?

우리 집도 고양이를 기르면 좋을 텐데! 엄마가 반대해서 못 키우고 있어요!

유라네 가족처럼 고양이 때문에 가족들 사이가 좋아지는 경우도 있지만, 동물이 말썽을 부려서 가족들이 더 사이가 안 좋아지는 경우도 있어.

같이 살다 보면 정도 들고, 동물을 깊게 사랑하게 되는 경우도 많지. 철학자 중에서도 동물을 사랑한 사람들이 많았단다. 쇼펜하우어 스스로도 최고의 친구가 푸들 아트만이라고 이야기하고 다녔단다.

동물과 함께 사는 건 굉장히 신중하게 생각해야 하는 일이야. 가족이 되는 일이거든.

쇼펜하우어는 개를 친구이자 가족으로 생각했나 봐요.

요새는 동물도 '입양한다'고 하잖아요? '입양'은 부모와 자식이 된다는 의미가 있으니까 동물의 엄마, 아빠가 되어 준다는 의미가 있는 것 같아요.

지혜가 중요한 말을 했구나. 요즘은 동물을 구매한다는 말보다 입양한다는 말을 훨씬 더 많이 쓰지.

애완동물? 반려동물!

동물은 인간과 다르다고 생각하는 사람이 있고, 동물도 인간과 함께 사는 만큼 존중해 줘야 한다는 입장이 있단다. 우리가 우리와 다른 동물을 정말 가족처럼 여길 수 있을지 진지하게 생각해 보렴.

1983년 오스트리아 빈에서 열린 '사람과 애완동물의 관계'를 주제로 하는 국제 학술 대회에서 동물 행동학자 콘라드 로렌츠가 '애완동물'이라는 말을 '반려동물'로 바꾸자는 제안을 했단다. 집에서 함께 사는 동물을 '인간을 즐겁게 하는 존재'가 아닌 '인간과 함께 살아가는 존재'로 보자는 의미가 담겨져 있지.

콘라드 로렌츠(1903~1989)

애완동물이 잘못된 용어는 아니지만 동물을 바라보는 관점에서 차이가 있단다. 인간을 즐겁게 하는 존재는 동물과 인간 사이의 관계에서 좀 더 인간 중심적인 관계를 의미해. 동물은 인간과 함께 살지만, 인간을 위해 존재하는 것이라고 보는 거야.

그런데 반려동물이라는 용어에는 '인간과 동물이 평등하게 같이 살아가는 존재'라는 뜻이 담겨 있단다.

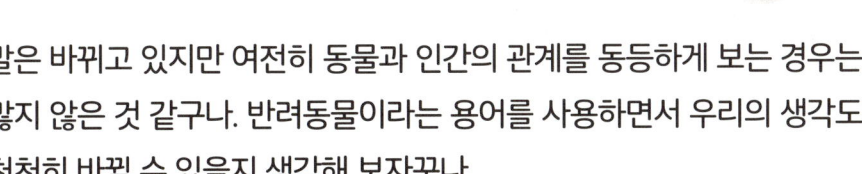

말은 바뀌고 있지만 여전히 동물과 인간의 관계를 동등하게 보는 경우는 많지 않은 것 같구나. 반려동물이라는 용어를 사용하면서 우리의 생각도 천천히 바뀔 수 있을지 생각해 보자꾸나.

> "우리나라에서는 반려동물을 키우며
> 함께 사는 인구가 어느새 1,000만 명이
> 넘어가고 있다는구나.
> 1인 가족이 확산되고 노령 인구가 늘어나면서
> 반려동물을 키우는 인구는 더욱더
> 늘어날 것으로 기대하고 있단다."

대부분 개를 반려동물로 키우고 있지만, 최근에는 파충류, 양서류, 갑각류, 거북, 아홀로틀, 샌드피시 스킨크, 카멜레온, 이구아나, 타란툴라, 맹꽁이, 아시아맹꽁이, 애완용 가재, 애완용 복어, 게코, 사슴벌레, 장수풍뎅이, 꽃무지, 나비, 곤충, 전갈, 지네, 노래기, 새우, 갑오징어, 달팽이, 구각목, 해수어, 부채새우, 피카소 트리거(쥐치복과)를 기르는 사람들이 생겨났다고 하더구나. 이외에도 법적인 허가를 받아서 다양한 동물을 키우고 있기도 하지.

반려 물고기 '해별이'

지원이는 유라가 지금까지 만난 짝들 중에 가장 마음이 잘 통하는 친구예요. 유라가 '보리' 이야기를 들려주면 항상 귀를 기울이고 잘 들어 줘요. 동물한테 관심이 많아서 이야기를 나누다 보면 참 즐거워져요.

"지원아, 넌 집에 반려동물 없어?"

"반려 물고기는 있어."

지원이네 집은 할아버지와 할머니가 함께 사는 대가족이에요. 늘 동물을 키우고 싶어 하는 지원이의 뜻은 쉽게 이루어지지 않았어요. 특히 할아버지는 큰 소리로 멍멍 짖는 강아지나 털이 잘 빠지는 고양이는 집에서 키울 수 없다고 반대했지요.

"할아버지, 할머니, 소원이 있어요. 제 생일 선물로 반려동물을

키우게 해 주세요!"

지원이가 하도 부탁을 하자, 가족도 더 이상 반대를 못 했어요. 그 대신 강아지나 고양이가 아니라 물고기 정도만 키워도 된다고 허락해 주었지요.

"난 물고기도 참 좋아. 작고, 조용하고, 예뻐서."

지원이는 송사리 종류인 '코브라 구피'를 키우게 되었어요. 마침 고모부가 키우고 있던 구피들을 나누어 준 거였어요.

"지원이 너랑 잘 어울린다."

유라가 보기에 운동장에 나가 축구하는 것보다 교실에서 조용히 책 읽기를 좋아하는 지원이와 잘 어울리는 반려동물 같았어요.

"유라야, 지난번 네가 말한 '지구 별 가족' 미술관에 나도 꼭 가

보고 싶어!"

유라는 지원이를 데리고 '지구 별 가족' 미술관에 찾아갔어요. 지원이는 정말 좋아했어요. 미술관에서 강아지와 고양이와 앵무새와 고슴도치까지 다 만났기 때문이에요.

"지원이, 네가 이렇게 좋아하는 건 처음 봤다."

유라는 신기해서 지원이를 다시 보았어요. 학교에서 보던 모습이랑 달랐어요.

지원이는 갑자기 휴대 전화를 꺼냈어요. 그러고는 화가한테 다가가서 '코브라 구피'가 헤엄치는 영상을 보여 주었어요.

"사진을 찍으면 잘 안 나와서요. 그래서 영상으로 찍어 왔어요. 실물이 훨씬 멋지고 예뻐요."

지원이는 수줍은 표정으로 자랑했어요.

"물고기 비늘이 반짝거려서 꼭 홀로그램 같구나. 불을 끄고 보면 더 멋있겠는데!"

화가가 감탄하며 영상을 유심히 들여다보았어요.

"맞아요. 아침에 햇살을 받으면 구피들이 엄청 반짝거려요!"

지원이는 신이 나서 목소리가 커졌어요. 지원이가 제일 좋아하는 물고기 이름이 '해별이'라고 했어요.

"물고기 이름을 왜 해별이라고 했어? 꽤 궁금해지는걸."
지원이는 초롱초롱한 눈빛으로 이야기를 시작했어요.

봄 방학 때였어요. 우리 동네로 이사 온 고모네 집에 놀러 갔어요. 고모네 집 마루엔 커다란 수조가 놓여 있었어요.

"우아!"

네모난 직사각형 수조 안에 들어 있는 작은 물고기들은 활발하게 헤엄치고 있었어요. 다양하고 화려한 무늬를 가진 물고기들은 참 예쁘게 생겼어요. 마치 물을 마시는 것처럼 수면 위에서 뻐끔거리는 물고기들이 정말 귀엽게 보였어요.

물고기를 만져 보고 싶어서 손을 막 수조에 넣으려는 순간이었어요.

"안 돼!"

고모부가 달려와서 내 손을 꽉 잡았어요.

"아얏!"

어찌나 무안했는지 몰라요. 실제로 그렇게 많이 아프진 않았지만 좀 엄살을 부렸어요.

"지원아, 아팠어? 갑자기 놀라게 해서 미안!"

고모부는 멋쩍은 듯이 머리를 긁적거렸어요. 그러고는 내 어깨에 손을 얹고 다정하게 말했어요.

"우리가 잘 몰라서 그렇지, 사람의 손에는 세균이 엄청나게 많이 묻어 있어. 그래서 손으로 물고기를 만지면 물고기들이 위험해질 수가 있어! 물고기들은 아주 예민하고 약하거든."

"몰랐어요, 고모부."

"꼭 수조에 손을 넣어야 될 경우엔 손을 깨끗이 씻고 넣으면 괜찮을 거야."

"앞으로 조심할게요! 그런데 이 물고기는 이름이 뭐예요?"

"국민 열대어라고 불릴 정도로 인기가 많은 물고기란다. 송사릿과의 담수어인 구피 종류인데 코브라 구피라고 해. 크기는 작아도 꽤 건강하고 씩씩하지."

고모부가 친절하게 알려 주었어요.

"담수어는 또 뭐예요?"

"소금기가 없는 물을 담수라고 해. 구피들은 담수에서 산다는 뜻이지."

알고 보니 구피는 참 신기한 물고기였어요. 어미가 알을 뱃속에서 부화시켜서 낳는다고 했어요. 새끼는 치어라고 부른대요.

"저도 키우고 싶어요!"
"내가 아끼는 구피들을 데려가서 용궁에 보내면 안 돼!"
"용궁에 어떻게 보내요?"
"하하하. 오래오래 살게 잘 보살펴 달라는 뜻이야."
물고기들이 죽으면 용궁에 간다고 고모부는 표현했어요.

나는 고모부가 준 코브라 구피 일곱 마리를 집에 데려왔어요. 처음으로 물고기를 키우게 돼 가슴이 두근거리고 막 설레었어요. 엄마랑 같이 수족관에 가서 필요한 것들을 샀어요. 30센티미터 직선으로 된 수조와 물속의 불순물을 걸러 내는 여과기도 샀어요.

수조 밑에 바닥재로 깔아 주는 산호모래, 뜰채와 수온계도 같이 샀어요.

고모부가 설명해 준 대로 튼튼한 받침대 위에 수조를 씻어서 설치했어요. 산호모래를 깨끗하게 씻어서 수조 밑에 깔아 놓고, 수

초를 심고 작은 돌도 올려놓았어요. 물을 천천히 채우고 여과기는 수조 벽에다 아빠가 딱 붙여 주었어요. 온도계랑 조명도 같이 설치해 주었어요. 고모부가 투명한 봉지에 담아 준 구피들을 그대로 퐁당 물에 넣어 주었어요. 한 시간 정도 있다가 천천히 물에 넣어 주라고 했거든요.

  정확하게 한 시간 뒤에 코브라 구피들을 물속에 넣어 주었더니 한시도 쉬지 않고 움직였어요.

"너희는 정말 부지런하고 지치지도 않는구나!"

내 마음에 쏙 드는 멋진 구피들이었어요. 먹이는 그다음 날부터 하루에 한두 번씩 주었어요. 많이 주면 안 된다고 해서 아주 조금씩 주었어요.

매일 수조 옆에 서서 코브라 구피들을 바라보면 신기하고 기분이 좋아졌어요. 보고 또 보아도 싫증이 나지 않았어요. 하나도 심심하지 않았어요.

그런데 한 달 뒤에 놀라운 일이 생겼어요. 코브라 구피들이 새끼를 낳은 거예요.

"우아!"

내 새끼손가락 손톱보다 더 작아서 점같이 생겼어요. 정말 신기했어요. 배가 불렀던 어미 구피가 새끼들을 10마리도 넘게 낳은 거예요.

"정말 알이 아니라 새끼를 직접 낳는구나!"

우리 식구 모두 감탄을 하며 들여다보았어요.

그날 학교에 가서도 집에 빨리 가고 싶었어요. 새끼 물고기인 치어들을 보고 싶은 마음이 간절했거든요. 근데 집에 돌아와 보니 이게 웬일이에요!

치어들이 거의 다 사라져 버린 거예요. 정말 거짓말처럼 말이에요. 딱 한 마리만 남아 있었어요.

"새끼들이 다 어디로 갔어요?"

깜짝 놀란 나는 식구들에게 물어보았어요. 다들 모른다고 대답했어요.

"고모부, 구피 새끼들이 태어나자마자 다 사라졌어요!"

고모부한테 전화했다가 너무 끔찍한 사실을 듣게 되었어요.

"아이고, 내가 알려 준다는 걸 깜박했구나! 구피들은 새끼가 태어나면 얼른 따로 분리를 시켜 줘야 해."

다 큰 물고기인 성어들은 자신이 낳은 새끼들을 먹이로 착각한다고 했어요. 그래서 어미가 잡아먹는 경우가 많대요.

그 사실을 알고 난 구피들한테 정이 뚝 떨어졌어요. 무시무시하게 느껴졌어요. 심지어 괜히 키우기로 했다고 후회가 되었어요.

"지원아, 오늘 구피들 밥 줬어?"

"새끼를 잡아먹는 물고기는 관심 없어요."

내가 냉정하게 말했더니 할아버지가 혀를 쯧쯧 찼어요. 이제는 할아버지와 할머니가 구피들을 챙겨 주었지요.

며칠 후 우리 집에 고모부와 고모가 놀러 왔어요. 구피들이 잘 살고 있나 궁금해서 들렀다고 했어요.

"이제 지원이가 챙기지 않아서 우리가 돌보고 있다네."

할머니가 고자질하듯 말해서 난 얼굴이 빨개졌어요.

"지원아, 구피는 원래 자기 입보다 작은 건 다 먹이로 인식을 한대. 그러니까 사람인 우리가 얼른 새끼들을 뜰채로 건져서 다른 곳에 살게 해 줘야 돼."

치어들을 따로 살게 하다가 어느 정도 자라면 다시 같이 살게 해 주어도 괜찮다고 했어요. 그럼 그때는 먹이로 착각하지 않는다고요.

"딱 한 마리만 살았어요. 아마 수초 뒤에 숨어서 살았나 봐요."

어느 날 오랜만에 수조를 들여다보았어요. 그랬더니 다른 구피들보다 몸집은 작지만 유난히 반짝거리는 구피가 한 마리 보였어요. 바로 유일하게 살아남은 새끼가 좀 자란 거였어요.

'아, 미안해! 너를 깜박 잊고 있었어.'

용감하게 살아남은 그 물고기에게 이름을 지어 주었어요. 유난

히 비늘이 반짝거려서 '해별이'라고 지어 주었어요. 해처럼 별처럼 오래오래 빛나며 살았으면 해서요.

그 뒤로 새끼들이 태어날 때 다시는 잃어버리지 않으려고 조심했어요. 곧 새끼를 낳을 배가 불룩한 어미 구피를 보면 얼른 부화통(태어난 치어를 어미와 분리해 주는 통)을 설치해 주었어요. 부화통에서 새끼들을 낳으면 안전하거든요.

지금은 아침마다 내가 일어나서 제일 먼저 하는 일이 있어요. 해별이랑 다른 구피들에게 인사하는 거예요. 아침에 햇살을 받으면 해별이가 얼마나 보석처럼 반짝반짝 빛나는지 몰라요.

"해별아, 안녕! 잘 잤어?"

나의 하루는 이렇게 시작해요.

지원이의 이야기를 들으며 화가는 표정이 여러 번 바뀌었어요. 웃었다가, 찡그렸다가, 다시 빙그레 웃으며 귀를 기울였어요.

"덕분에 구피를 키울 때, 제일 조심해야 될 점을 알았구나."

유라도 구피가 새끼들을 잡아먹었다는 이야기를 들을 때엔 숨이 멎을 만큼 '헉' 하고 놀랐어요.

"지원아, 정말 끔찍했겠다! 하지만 구피가 일부러 그런 건 아니니까."

지원이가 고개를 끄덕이며 말했어요.

"사람이 조심하는 수밖에 없어. 이제 알을 밴 구피는 부화통에 두면 돼. 치어들이 숨을 수 있는 수초들을 함께 키워도 좋고."

유라는 지원이가 '구피 박사'가 다 되었다고 생각했어요.

"그래도 해별이가 살아남아서 정말 다행이야! 해별이는 진짜 용감하고 기특해."

유라가 해별이를 칭찬하자 지원이는 활짝 웃었어요. 그러고는 유라에게 해별이 사진을 보여 주었어요.

"해별이는 너무 활발하고 빠르게 움직여서 사진으로 찍기가 어려워. 우리 집에 와서 네가 직접 봐야 돼."

지원이는 속상한 듯이 눈썹을 찌푸리면서 말했어요.

"알겠어. 꼭 보러 갈게."

"해별이를 보면 너도 구피를 키우고 싶어질 거야."

지원이가 자랑스럽게 말했어요.

그 모습을 지켜보던 화가가 말했어요.

"해별이를 꼭 그려 줘야겠구나!"

그 말을 들은 지원이는 눈이 왕방울만 해졌어요. 그러고는 자리에서 벌떡 일어나면서 기뻐했어요. 유라도 손뼉을 치면서 같이 기뻐했어요.

"혹시 관장님도 구피를 키우고 싶으세요?"

"직접 보면 그림을 더 잘 그릴 수 있겠지? 우리 '지구 별 가족' 미술관에 구피들이 와서 사는 건 대환영이야!"

화가는 구피들을 위한 수조를 여러 개 준비해 놓겠다고 했어요.
"우아, 살았다! 우리 구피들이 용궁에 갈까 봐 걱정했어요."
지원이의 말에 화가와 유라는 동시에 고개를 갸우뚱했어요.
지원이는 킥킥 웃으면서 고모부한테 들었던 말을 해 주었어요.
"절대 용궁에 보내지 않도록 해야지!"
화가는 지원이랑 새끼손가락을 걸고 약속의 도장까지 엄지손으로 꾹 찍었어요. 손바닥을 딱 마주 대고 복사도 하고요.
"우리 미술관에 식구들이 더 많아지겠네!"

인문철학 왕 되기

동물도 고통을 느낄 수 있을까?

동물도 생명이니까 당연히 고통을 느낄 것 같아요. 그런데 통증을 못 느끼는 동물도 있지 않나요?

예전에 다큐멘터리에서 먹이가 부족한 북극곰이 새끼 곰을 잡아먹는 걸 본 적이 있는데, 너무 충격적이었어요.

나는 반대로 자기 새끼가 죽어서 우울증에 걸린 개가 TV에 나온 걸 본 적이 있는데요. 어떤 동물들은 인간처럼 새끼를 사랑하기도 하는 것 같아요.

선생님, 그렇다면 동물도 슬픔이나 기쁨을 느낄 수 있는 걸까요?

감정은 인간만이 가진 고유의 특징 아닌가요?

동물의 권리를 주장하는 철학자들은 동물도 인간과 마찬가지로 '고통과 기쁨을 느끼는 존재'이기 때문에 동물의 고통을 인간의 고통과 같은 가치로 여겨야 한다고 주장을 한단다.

소쌤의 인문 특강

세계 동물 권리 선언

1978년 유네스코에서 제정한 <세계 동물 권리 선언>을 살펴보면 모든 동물은 태어나면서부터 평등한 생명권을 가지며, 모든 동물의 삶은 존중받을 권리가 있음을 밝히고 있단다. 자세히 살펴볼까?

세계 동물 권리 선언

[전문]

- 생명은 하나다. 모든 생명체는 공통의 기원을 가지고 있으며 진화 과정에서 다양화되었다.

- 모든 생명체는 천부적 권리를 가지며, 신경 시스템이 있는 동물은 특별한 권리를 가지고 있다.

- 이들 생명체의 권리에 대한 경멸 혹은 무지는 심각한 자연 파괴와 동물에 대한 죄악을 초래한다.

- 인류가 다른 동물의 권리를 인식할 때 우리는 다양한 생명체와 공존할 수 있다.

- 인간이 동물을 존중하는 것은 인간이 다른 인간을 존중하는 것과 다르지 않다.

"반려동물은 누군가에겐 소중한 '생명'이지만,
법적으로는 누군가의 소유물인 '물건'으로
취급되기도 했어.
이 때문에 동물 학대를 하는 사람에게
'재물손괴죄' 정도로 가벼운 처벌을
내릴 수밖에 없었지.
요즘에는 '동물은 물건이 아니라
생명으로서 존중받아야 한다.'는
법이 적용되고 있는 나라가 많단다."

동물 권리에 대한 여러분의 생각은?

사람을 키워 주는 강아지 '토토'

유라네 외삼촌은 공부를 아주 잘했어요. 그런데 외국에 유학을 갔다가 공부가 너무 힘들어서 그만 몸과 마음에 병이 나 버렸어요. 외삼촌은 다니던 학교를 휴학하고 다시 돌아왔지요.

돌아온 외삼촌을 보았을 때, 유라는 깜짝 놀랐어요. 남의 옷을 빌려 입은 것처럼 옷이 커져 버렸어요. 항상 함박 미소를 짓던 얼굴은 몹시 어두워졌어요. 유라와 같이 퍼즐 게임도 하고 유현이랑 같이 농구도 하던 쾌활한 외삼촌이 전혀 아니었어요.

"어서 건강이 회복되어야 할 텐데!"

"밥도 잘 먹지 않고 매일 방에만 있으니 큰일이야!"

아빠와 엄마는 외삼촌을 무척 걱정했어요. 특히 외할머니는 외삼촌 몰래 눈물을 흘릴 때가 많았어요.

유라는 지원이랑 같이 '지구 별 가족' 미술관에 찾아갔어요. '공주'와 '보리'와 '해별이' 그림들을 보면 마음이 따스해지거든요. 또 1층 미술관에 놓인 커다란 수조에 들어 있는 '코브라 구피'들도 잘 지내고 있는 걸 확인했어요.

"관장님은 약속을 잘 지키셔서 참 좋아."

지원이가 안도의 한숨을 내쉬었어요.

"유라랑 지원이 왔구나!"

화가가 반가워하며 손을 흔들었어요.

"관장님, 안녕하세요!"

유라는 화가를 보자, 걱정거리를 이야기하고 싶어졌어요.

"우리 외삼촌이 많이 아파요."

유라는 외삼촌 이야기를 털어놓았어요. 외삼촌이 딴사람처럼 변해서 다들 무척 걱정을 한다고요.

"흐음, 정말 걱정이 되겠구나!"

같이 고민을 하던 화가는 갑자기 좋은 생각이 떠오른 듯이 물었어요.

"혹시 외삼촌이 강아지를 좋아하시나?"

"잘 모르겠어요. 그건 왜 물어보세요?"

알고 보니 화가의 친한 친구 한 분이 동물 보호소를 운영하고 있었어요. 사람에게 버림을 받았거나 주인을 잃어버린 동물들이 새 주인을 찾을 때까지 임시로 보호해 줄 사람을 구하고 있대요.

"동물 보호소에 있는 강아지와 고양이는 정말 가엾거든. 주인을

찾지 못하면 나중에 안락사를 당하게 되어 있어."

유라와 지원이는 깜짝 놀랐어요. 동물 보호소에 있으면 계속 보호를 받는 줄만 알았거든요. 하지만 동물 보호소는 그 많은 동물들을 언제까지나 보호할 수 있는 형편이 아니었어요.

"제일 좋은 일은 입양을 하는 거란다. 그래서 주인을 찾아 새로운 가족을 만나게 될 때까지 임시로 돌보아 주는 거야."

유라는 보리를 동물 보호소에 보내기 전에 집으로 데려와 정말 다행이었다고 생각했어요.

유라는 당장 외삼촌에게 전화를 걸었어요. 외삼촌이 힘없는 목소리로 전화를 받았어요.

"외삼촌, 꼭 도와줘야 돼요! 외삼촌이 도와주지 않으면 안 되는 일이 생겼어요."

유라의 등쌀에 밀려 외삼촌은 '지구 별 가족' 미술관을 찾았어요. 반려동물들이 미술관에 와서 함께 어울리는 모습을 본 외삼촌은 깜짝 놀랐어요. 캄캄한 방에 불이 켜진 것처럼 외삼촌의 눈빛이 살아났어요.

"정말 놀랍군요! 여기는 반려동물의 천국 같아요. 전 강아지를 원래 좋아했어요. 부모님이 힘들어 하셔서 키우지는 못했지요."

"외삼촌도 나랑 똑같았네!"

유라는 외삼촌한테 보리를 키우게 된 이야기를 해 주었어요. 또 '공주' 그림도 보여 주었어요. 외삼촌은 감탄하면서 미술관에 걸린 그림들을 다 살펴보았어요.

외삼촌은 주인을 찾을 때까지 강아지를 임시 보호하는 봉사를 하게 되었어요.

"오냐. 뭐라도 좋은 일을 하면 복을 받을 거다."

외할머니는 워낙 깔끔해서 반려동물을 좋아하진 않았지만 외삼촌을 위해 허락해 주었어요.

외삼촌이 동물 보호소에 처음 간 날, 갈색 강아지 한 마리가 꼬리를 살랑살랑 흔들면서 반갑게 다가왔어요. 두 눈에 눈곱이 가득 끼어 있고 털 상태가 엉망이었어요. 한눈에 보아도 아파 보이는 강아지가 밝은 얼굴로 외삼촌을 졸졸 따라다녔어요.

"사람을 참 좋아하는 강아지네요."

외삼촌은 갈색 강아지를 보자 참 안쓰러웠어요. 사람한테 버림을 받아 찻길에서 구조된 강아지였어요. 휴가철에 놀러 가서 낯선 동네에다 키우던 강아지를 버리는 사람들이 가끔 있대요. 주인에게 버림을 받았으면서 여전히 사람을 좋아하고 반가워하는 강아지였어요.

외삼촌은 갈색 강아지를 우선 임시 보호하기로 했어요. 이름

을 '토토'라고 지어 주었어요. 외삼촌이 어린 시절에 강아지를 키우게 되면 꼭 붙이고 싶었던 이름이었대요.

그날부터 토토는 외삼촌과 지내게 되었어요. 외삼촌은 토토를 병원에 꾸준히 데리고 다니면서 눈병 치료와 귓속에 있는 곰팡이 치료를 해 주었어요. 또 피부병도 고쳐 주었어요. 털이 아니라 옷처럼 두툼하게 뭉친 털도 미용 도구로 깨끗이 다듬어 주었고요.

외삼촌은 마음 같아서는 꼼짝도 하기 싫었지만 토토를 위해 매일 산책을 두 번씩 하게 되었어요. 토토의 밥과 물도 챙기게 되었고요. 그러다 보니 외삼촌은 토토와 함께 규칙적인 생활을 하게 되었어요. 토토만 건강해진 게 아니라 토토와 함께 있는 외삼촌까지 덩달아 건강해졌어요. 누가 보아도 참 신기했어요.

"사람이 개를 키우는 게 아니고 개가 사람을 키우는 거 같구나!"

외할머니는 환하게 웃으며 토토의 머리를 쓰다듬어 주었어요.

외삼촌은 건강해진 토토의 사진을 에스엔에스(SNS)와 인터넷 카페에 올려놓고 좋은 주인을 만나게 되길 기다렸어요. 그러다가 드디어 토토가 좋은 주인을 찾게 되었어요.

"토토야, 이제 주인을 만났구나! 진짜 가족이 생겼어."

외삼촌은 토토에게 마지막 산책을 시켜 주면서 마음이 뭉클해졌어요. 그래서 토토를 데리고 '지구 별 가족' 미술관에 찾아갔어요.

"토토를 보내기 전에 그림으로 남겨 두고 싶어서요. 제가 아니라 오히려 토토가 저를 보살펴 주었어요. 정말 토토 덕분에 저는 많이 좋아졌어요."

화가는 기쁜 마음으로 토토를 그림으로 그려 주었어요.

"이제부터 토토가 보고 싶으면 미술관으로 올게요!"

시작이 반이라고 했던 말은 맞았어요. 외삼촌은 그 뒤로도 강아지를 임시 보호하는 일을 몇 번 더 했어요. 그러면서 몸과 마음이 점점 더 건강해졌어요.

그러다 병원에 더 다니지 않게 되었어요. 외삼촌은 이제 몸과 마음이 다 나아서 다시 공부를 하기로 결심했어요.

"유라야, 외삼촌 걱정은 하지 말고! 보리랑 즐겁게 잘 지내."

외삼촌이 다시 공부를 하러 떠나던 날, 모두가 기뻐했어요.

인문철학 왕 되기

만일 나라면?

이야기 속 유라네 외삼촌은 유기된 강아지 토토를 임시 보호하면서 다행히 건강을 많이 회복하게 되었구나.

유라네 외삼촌은 강아지를 정식으로 입양한 것이 아니라 새로운 가족을 만날 때까지 강아지를 임시로 돌보는 역할을 한 거예요.

만약 집에 가다가 고양이나 강아지 같은 유기 동물을 발견한다면 어떻게 하겠니?

집에 데려갈 것이다

VS

동물 보호소에 신고할 것이다

그렇게 생각한 이유는 무엇인지 써 보렴.

우리나라는 너무 많은 수의 강아지가 버려지기 때문에 보호소에서 일정 기간이 지나면 안락사를 시킨다지 뭐야.

강아지들의 안락사를 피하기 위해서는 입양이 되어야 하는데, 유기견의 입양을 꺼리는 사람들이 많아 어려움이 많다고 하더라고.

동물 관찰 일기 작성

주변에서 직접 관찰할 수 있는 동물을 하나 선택하여, 그 동물이 어떤 생활을 하고 있는지 관찰 일기를 적어 보아요. 집에서 함께 사는 반려동물을 관찰하고 작성해도 좋아요.

관찰 시간 : _____ 시 _____ 분

관찰 동물 : _____

 관찰한 동물이 무엇을 했나요?

관찰한 동물이 좋아하는 것은 무엇인가요? _____

관찰한 동물이 좋아하는 것을 어떻게 알게 되었나요?

 관찰한 동물이 싫어하는 것은 무엇인가요? _____

관찰한 동물이 싫어하는 것을 어떻게 알게 되었나요?

 관찰한 동물이 편안해 보였나요?

200만 부 판매 돌파!

이제 AI시대 미래 토론

✅ 뭉치북스가 만든 국내 최초 토론책!   ✅ 초등 국어
✅ 한국디베이트협회와 교

01	함께 사는 로봇
02	원시인도 모르는 공룡
03	더 멀리 더 높이 더 빨리 스포츠 과학
04	까만 우주 속 작은 별
05	노벨도 깜짝 놀란 노벨상
06	지켜라! 멸종 위기의 동식물
07	도로시의 과학 수사대
08	살아 있는 백두산
09	콜록콜록! 오늘의 황사 뉴스
10	앗! 이런 발명가, 와! 저런 발명품
11	아낄수록 밝아지는 에너지
12	과학 Cook! 문화 Cook! 음식의 세계
13	과학을 훔친 수상한 영화관
14	끝없이 진화하는 무서운 전염병
15	지구 온난화와 탄소배출권
16	먹을까? 말까? 먹거리 X파일
17	우리 몸을 흐르는 피와 혈액형
18	진짜? 가짜? 가상현실과 증강현실
19	두근두근 신비한 우리 몸속 탐험
20	우리를 위협하는 자연재해
21	봄? 가을? 경계가 모호해지는 사계절
22	세균과 바이러스 꼼짝 마! 약과 백신
23	생태계의 파괴자? 외래 동식물
24	콸콸콸~ STOP!!! 우리나라도 위험해요. 소중한 물
25	오늘도 나쁨! 작아서 더 무서운 미세먼지
26	식량 위기에서 인류를 구할 미래 식량
27	썩지 않는 플라스틱 지구와 인간을 병들게 하는 환경 호르몬
28	나와 똑같은 또 다른 나, 인간 복제
29	미래의 디지털 첨단 의료
30	땅속 보물을 찾아라! 지하자원과 희토류
31	농사일부터 우주 탐사까지, 미래는 드론 시대
32	알쏭달쏭 미지의 세계, 뇌
33	얼마나 작아질까? 어디까지 발달할까? 나노 기술과 첨단 세계
34	찾아라! 생명체가 살 수 있는 또 다른 별, 제2의 지구
35	배울수록 더 강해지는 인공 지능
36	창조론이냐? 진화론이냐?
37	다윈이 들려주는 진짜진짜 진화론
38	모두모두 소중한 생명! 멈춰요 동물 실험
39	유해할까? 유용할까? 생활 속 화학 물질
40	46억 년의 비밀, 생명을 살리는 지구
41	과학자가 가져야 할 덕목, 과학자 윤리와 책임

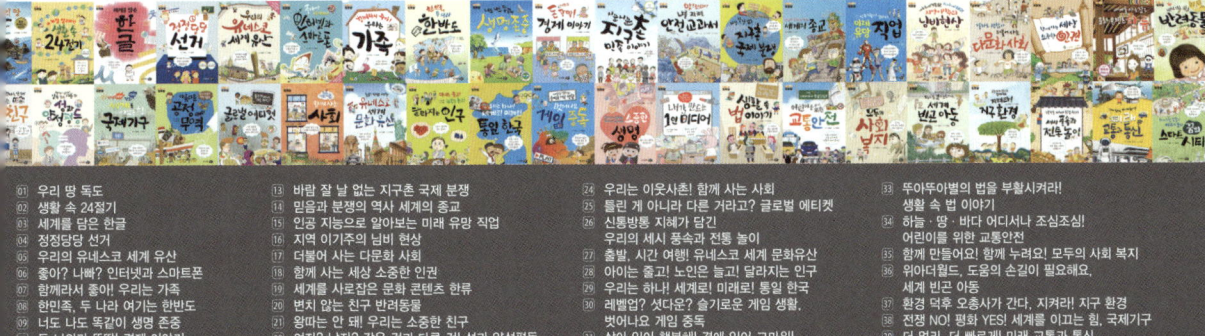

뭉치수학왕

수학이 쉬워지고, 명작보다 재미있는

100만 부 판매 돌파!

"인공지능(AI) 시대의 힘은 수학에서 나온다!"

개념 수학

〈수와 연산〉
1. 양치기 소년은 연산을 못한대
2. 견우와 직녀가 분수 때문에 싸웠대
3. 가우스, 동화 나라의 사라진 0을 찾아라
4. 가우스는 소수 대결로 마녀들을 물리쳤어
5. 앨런, 분수와 소수로 악당 히들러를 쫓아내라
6. 약수와 배수로 유령 선장을 이긴 15소년

〈도형〉
7. 헨젤과 그레텔은 도형이 너무 어려워
8. 오일러와 피노키오는 도형 춤 대회 1등을 했어
9. 오즈의 입체도형 마법사를 찾아라
10. 유클리드, 플라톤의 진리를 찾아 도형 왕국을 구하라
11. 입체도형으로 수학왕이 된 앨리스

〈측정〉
12. 쉿! 신데렐라는 시계를 못 본대

13. 알쏭달쏭 알라딘은 단위가 헷갈려
14. 아르키는 아름답기로 걸리버 아저씨를 구했어
15. 원주율로 떠나는 오디세우스의 수학 모험

〈규칙성〉
16. 떡장수 할머니와 호랑이는 구구단을 몰라
17. 페르마, 수리수리 규칙을 찾아라
18. 피보나치, 수를 배열해 비밀의 방을 탈출하라
19. 비례배분으로 보물섬을 발견한 해적 실버

〈자료와 가능성〉
20. 아기 염소는 경우의 수로 늑대를 이겼어
21. 파스칼은 통계 정리로 나쁜 왕을 혼내 줬어
22. 로미오와 줄리엣이 첫눈에 반할 확률은?

〈문장제〉
23. 개념 수학-백점 맞는 수학 문장제①
24. 개념 수학-백점 맞는 수학 문장제②
25. 개념 수학-백점 맞는 수학 문장제③

융합 수학
26. 쌍둥이 건물 속 대칭축을 찾아라(건축)
27. 열차와 배에서 배수와 약수를 찾아라(교통)
28. 스포츠 속 황금 각도를 찾아라(스포츠)
29. 옷과 음식에 단위의 비밀이 있다고?(음식과 패션)
30. 꽃잎의 개수에 담긴 수열의 비밀(자연)

창의 사고 수학
31. 퍼즐탐정 썰렁홈즈①-외계인 스콜피오스의 음모
32. 퍼즐탐정 썰렁홈즈②-315일간의 우주여행
33. 퍼즐탐정 썰렁홈즈③-뒤죽박죽 백설 공주 구출 작전
34. 퍼즐탐정 썰렁홈즈④-'지지리 마란드러' 방학 숙제 대작전
35. 퍼즐탐정 썰렁홈즈⑤-수학자 '더하길 모테'와 한판 승부
36. 퍼즐탐정 썰렁홈즈⑥-설국열차 기관사 '어러도 달리능기라'
37. 퍼즐탐정 썰렁홈즈⑦-해설 및 정답

수학 개념 사전
38. 수학 개념 사전①-수와 연산
39. 수학 개념 사전②-도형
40. 수학 개념 사전③-측정·규칙성·자료와 가능성

독후 활동지

**본책 40권+독후 활동지 7권
정가 580,000원**